Straße der Staufer

Kaiser
Friedrich II.

G.A. ULMER

Zum Umschlagbild:
Oben links: Der Hohenstaufen mit dem Ort Göppingen-Hohenstaufen.
Oben rechts: Ruine Hohenrechberg - Verteidigungsturm und südliche Palaswand.
Unten links: Kloster Lorch - Marsiliusturm.
Unten Mitte: Cappenberger Barbarossakopf (Kopie) um 1160.
Unten rechts: Ruine Hohenrechberg - Blick zum Hohenstaufen.
Rückseite: Goldsiegel Kaiser Friedrichs I. Barbarossa.

1. Auflage 1984

Schwabenstraße 97
7036 Schönaich
Telefon 0 70 31 / 5 06 59

Alle Farbfotos, Graphik, Titelgestaltung,
Layout: Günter A. Ulmer
Text: G. A. Ulmer und Dr. Werner Ulmer

Reproduktionen:
Repro Studio Noelle
7512 Rheinstetten-Forchheim
Theodor-Heuss-Straße 32
Telefon 07 21 / 51 80 31

Fotosatz:
böttler-satz-technik
Reichenbachweg 10
7401 Walddorfhäslach 1
Telefon 0 71 27 / 3 33 70

Druck:
Rung-Druck GmbH & Co.
Kirchstraße 3-5
7320 Göppingen
Telefon 0 71 61 / 7 80 85

Auslieferung und Vertrieb:
Walter Verlag GmbH
Grissheimer Weg 36
7843 Heitersheim
Telefon 0 76 34 / 9 48

ISBN 3-924191-02-6

Inhaltsübersicht

Stauferstätten an der Straße der Staufer

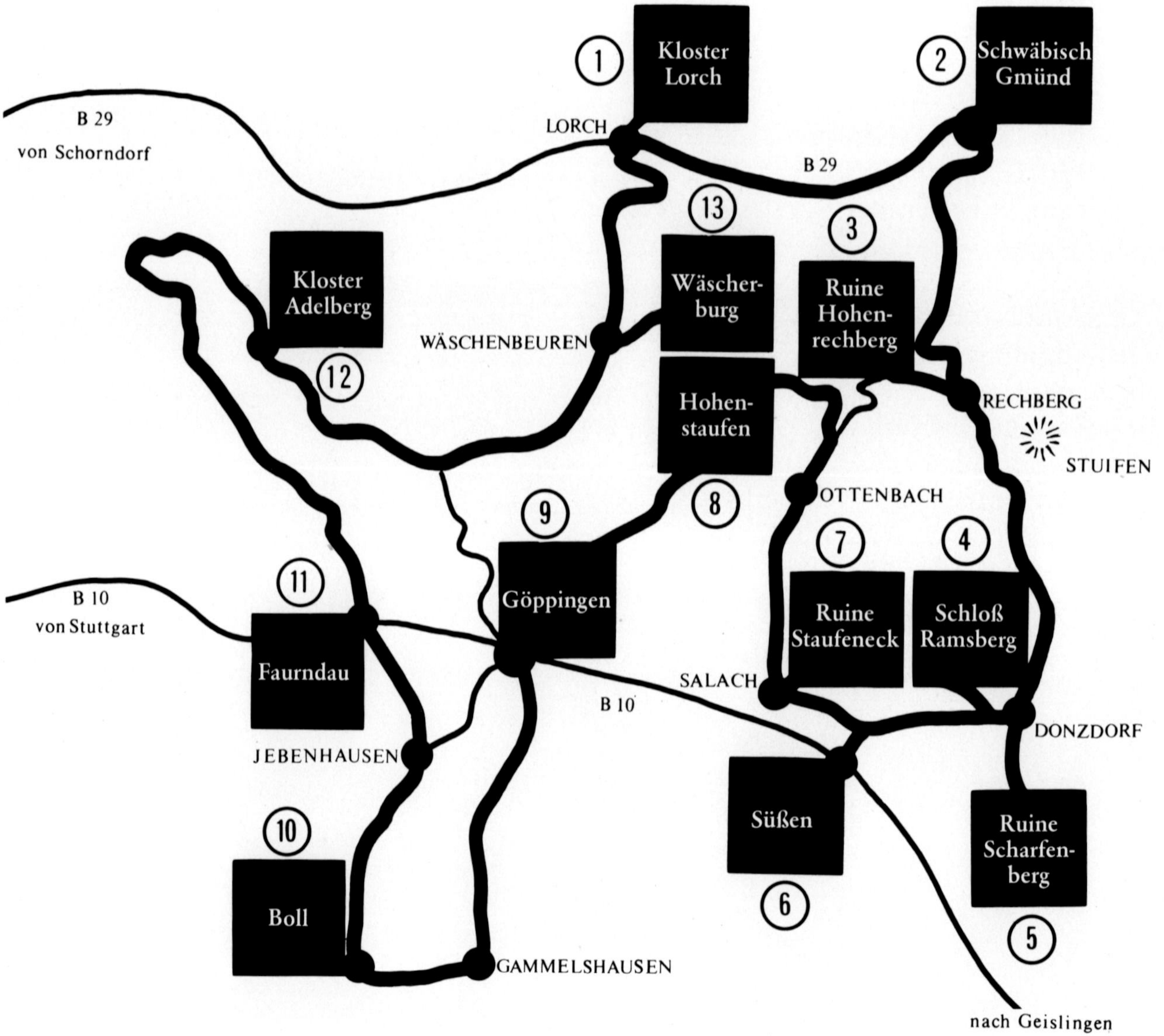

Einführung

Die »Straße der Staufer«, seit dem Stauferjahr 1977 so benannt, erschließt die engere Heimat und Wiege des Staufergeschlechts. Sie verbindet in einer der schönsten Landschaften Baden-Württembergs die noch sichtbaren Spuren staufischer Vergangenheit.

Der vorliegende Bildband zeigt die bedeutendsten Stauferstätten entlang der »Straße der Staufer«. Gleichzeitig enthält er in Grundzügen die dazugehörende staufische Geschichte. Er will den Betrachter und Leser anregen, die etwa 130 Kilometer lange »Straße der Staufer« selbst zu entdecken.

Der Bildband beginnt beim Kloster Lorch, in dessen Klosterkirche auf den Langhauspfeilern die Hauptgestalten des Staufergeschlechts zu sehen sind. Sodann führt er nach Schwäbisch Gmünd, der frühest bezeugten Stauferstadt, von dort weiter zur Ruine Hohenrechberg und über Schloß Ramsberg zur Ruine Scharfenberg. Über Süßen führt er zur Ruine Staufeneck und anschließend zur Burg Hohenstaufen und zum neugeschaffenen »Dokumentationsraum für staufische Geschichte«. Von dort geht es nach Göppingen, der Hohenstaufenstadt, in deren Museum »Im Storchen« sich die »Stauferhalle« befindet. Über Boll und Göppingen-Faurndau führt der Bildband dann zum Kloster Adelberg und über Wäschenbeuren und die Wäscherburg wieder nach Lorch zurück.

Staufische Herzöge, Könige und Kaiser

Stammeltern des staufischen Geschlechts
Friedrich von Büren ⚭ Hildegard von Egisheim
†1094 † 1194/95

Friedrich I. von Staufen ⚭ Agnes (Tochter Kaiser Heinrichs IV.)
Friedrich der Alte genannt.- Herzog von Schwaben 1079-1105
Erbauer der Burg Hohenstaufen - Stifter des Klosters Lorch

Friedrich II. von Schwaben ⚭ Judith Welf
Friedrich der Einäugige genannt. Herzog von Schwaben
Erbauer vieler Burgen. 1105-1147

König Konrad III. ⚭ Gertrud von Sulzbach
Erster König aus staufischem Hause
Deutscher König 1138-1152

Kaiser Friedrich I. Barbarossa ⚭ 2.Beatrix von Burgund
König und Kaiser 1152-1190

Kaiser Heinrich VI. ⚭ Konstanze von Sizilien
König und Kaiser 1190-1197

König Philipp von Schwaben ⚭ Irene von Byzanz
Deutscher König 1198-1208

Kaiser Friedrich II. ⚭ 1.Konstanze von Aragon
König und Kaiser 1212-1250 2. Isabella von Jerusalem
3. Isabella von England

König Heinrich VII. ⚭ Margarethe von Österreich
Deutscher König 1222-1235

König Konrad IV. ⚭ Elisabeth von Bayern
Deutscher König 1250-1254

Konradin
Herzog von Schwaben geb.1252
enthauptet in Neapel 1268

Die Stauferzeit – Kurzer Überblick

Die Staufer, ein schwäbisches Fürstengeschlecht, waren als Könige und Kaiser im 12. und 13. Jahrhundert Mitgestalter deutscher und europäischer Geschichte. Unter Kaiser Friedrich I. Barbarossa, Kaiser Heinrich VI., König Philipp von Schwaben und Kaiser Friedrich II. erfuhr das deutsche Herrschertum seine höchste Ausprägung.

Nachdem 1125 der letzte salische Kaiser, Heinrich V., kinderlos gestorben war, bewarb sich der Staufer Friedrich II. von Schwaben um das Königsamt, da er als Sohn der Kaisertochter Agnes mit dem salischen Hause verwandt war.

Die deutschen Fürsten wählten aber den Herzog von Sachsen, Lothar von Supplinburg. Sie wollten keinen Staufer, da sie die Fortsetzung der salischen Kirchenpolitik befürchteten. Die Staufer waren mit dieser Wahl nicht einverstanden und ließen 1127 Konrad, den Bruder Friedrichs II. von Schwaben und zweiten Sohn der Kaisertochter Agnes, in Rothenburg zum Gegenkönig ausrufen. Dieser wurde dann 1138, nach dem Tode Lothars von Supplinburg, als Konrad III. zum König gewählt.

Die 14jährige Regierungszeit des ersten staufischen Königs war von den Wirren und Auseinandersetzungen zwischen Welfen und Staufern geprägt. 1152 designierte der sterbende König seinen Neffen, den Sohn seines Bruders Friedrich II. von Schwaben, als seinen Nachfolger. Dieser wurde im gleichen Jahr als Friedrich I. zum König gewählt und gekrönt. 1155 erhielt er in Rom die Kaiserkrone. Von den Italienern bekam er wegen seines rötlich-blonden Bartes den Beinamen »Barbarossa« (Rotbart).

Mit ihm stieg ein starker Herrscher auf den deutschen Thron. Er versöhnte sich mit dem Welfenherzog Heinrich dem Löwen und später auch mit dem Papst. Durch seine Politik erfuhr das deutsche Reich einen großen Machtzuwachs. Deutsche Dichtung, Geschichtsschreibung und Baukunst hatten in ihm einen großen Förderer. 1190 starb Kaiser Friedrich I. Barbarossa auf einem Kreuzzug in Kleinasien.

Barbarossas Sohn, König Heinrich VI., wurde 1191 zum Kaiser gekrönt. Er errang in wenigen Jahren eine noch größere Herrschaft als sein Vater. Kaiser Heinrich VI. war ein überaus ehrgeiziger und bis zur Grausamkeit harter Fürst. Er vereinigte die drei Königreiche Deutschland, Italien und Burgund mit dem erblichen Königreich Sizilien-Unteritalien. Mit ihm hatte das mittelalterliche Kaisertum seinen Höhepunkt erreicht, und die Vorherrschaft des Kaisers schien nach allen Seiten hin gesichert.

Mit dem frühen Tod Kaiser Heinrichs VI., er starb 1197 im Alter von 32 Jahren, begann der Zusammenbruch der kaiserlichen Machtstellung. Erneut entbrannte der Streit zwischen Staufern und Welfen. Da der Sohn Kaiser Heinrichs VI., Friedrich, erst vier Jahre alt war, wählte die Staufer-Partei 1198 den Bruder Kaiser Heinrichs VI. und jüngsten Sohn Barbarossas, Philipp von Schwaben, zum König, während die Welfen-Partei den Sohn Heinrichs des Löwen, Otto IV., zum König erhob. Beide kämpften um die Herrschaft. König Philipp von Schwaben setzte sich durch und erlangte allgemein Anerkennung. Als er 1208 ermordet wurde, kam König Otto IV. an die Macht. Dieser überwarf sich jedoch mit dem Papst Innozenz III.. Der Papst ließ daraufhin den jungen Friedrich, den Sohn Heinrichs VI., der seit 1198 König von Sizilien war, nach Deutschland ziehen.

Friedrich II. wurde 1215 in Aachen zum deutschen König gekrönt. Seine Kaiserkrönung in Rom fand 1220 statt. Kaiser Friedrich II. versuchte noch einmal das Großreich der Staufer zu festigen.

Als er 1220 Deutschland verließ und nach Italien ging, überließ er die Regierung seinem 8jährigen Sohn, König Heinrich (VII.), beziehungsweise den Fürsten, die selbstherrlich regierten und eine bedeutende Erweiterung ihrer Macht erreichten. Als König Heinrich (VII.) mündig geworden war, machte er eine eigene Politik, und er erhob sich gegen seinen Vater. Auf einem Fürstentag in Worms, 1235, wurde König Heinrich (VII.) abgesetzt, als Gefangener nach Apulien gebracht und bis zu seinem Tod, 1242, in Haft gehalten.

Kaiser Friedrich II. ließ nach der Absetzung von König Heinrich (VII.) seinen zweiten Sohn, Konrad IV., in Wien 1237 zum deutschen König wählen. Er selbst kämpfte mit wechselndem Erfolg gegen den Papst, welcher ihn mit dem Bann belegt hatte. 1245 wurde Kaiser Friedrich II. auf einer Kirchenversammlung in Lyon für abgesetzt erklärt. Dessen ungeachtet setzte er den Kampf gegen den Papst fort. Noch war die Entscheidung offen, da starb er 1250.

Nach dem Tod Kaiser Friedrichs II. regierte sein Sohn, König Konrad IV., ohne bedeutende Macht. König Konrad IV. brach nach Italien auf, um das staufische Erbe zu retten. Im Alter von nur 26 Jahren starb er dort 1254 an Sumpffieber. Er war der letzte deutsche König aus staufischem Hause.

Sein Sohn Konradin, Herzog von Schwaben und König von Jerusalem, der einige Jahre später als 15jähriger ebenfalls nach Italien zog, um sein Erbe anzutreten, wurde dort nach der Schlacht von Tagliacozzo gefangengenommen, durch Karl von Anjou zum Tod verurteilt und 1268 auf dem Marktplatz in Neapel enthauptet. Mit ihm erlosch das Herrschergeschlecht der Staufer.

Klosterkirche Lorch.
Der weit ins Land ragende sogenannte Marsiliusturm, dessen Unterbau noch aus der Stauferzeit stammt. Er ist einer der beiden Rundtürme, die ursprünglich das Westwerk flankierten.

1. Kloster Lorch

Das Kloster liegt auf einem Bergsporn, dem sogenannten Liebfrauenberg, oberhalb der Stadt Lorch im Remstal, etwa 35 Kilometer ostwärts von Stuttgart.

Herzog Friedrich I. von Schwaben stiftete 1102 das Benediktinerkloster als herzogliches Hauskloster der staufischen Familie. Das Kloster wurde den Apostelfürsten Peter und Paul geweiht. Da es im 11. und 12. Jahrhundert üblich war, Burgen in Klöster umzuwandeln, kann man annehmen, daß das Kloster in einer ehemaligen Stauferburg gegründet wurde. Reste einer solchen Burg könnten in dem noch heute bestehenden Haspelturm vorhanden sein.

In der Stiftungsurkunde vom 3.Mai 1102 wurde erwähnt, daß das Kloster Lorch dem Seelenheil der Glieder des staufischen Hauses, der lebenden und der verstorbenen, dienen soll. Dies besagte, daß das Hauskloster für die Stifterfamilie auch als Grablege vorgesehen war.

Als erster Staufer wurde der Stifter des Klosters, Herzog Friedrich I. von Schwaben, der 1105 starb und zunächst in der im Tal gelegenen Stiftskirche bestattet wurde, 1140 in der Klostergruft beigesetzt. Auch sein Bruder, Pfalzgraf Ludwig, und ein weiterer Bruder namens Walther fanden dort ihre Ruhestätte. Der Sohn König Konrads III., der 1147 zum Mitkönig gewählt wurde und 1150 im Alter von 14 Jahren starb, ist wohl der einzige in Lorch beigesetzte König. Weiter wurden in Lorch die Gemahlin des ermordeten Königs Philipp von Schwaben, Irene von Byzanz, und auch ihre Tochter Beatrix sowie mit großer Wahrscheinlichkeit die Welfin Judith, die Mutter Kaisers Friedrich I. Barbarossa, beigesetzt.

Die Klosterkirche in Lorch wurde als schlichte Pfeilerbasilika mit quergestelltem Westwerk zwischen zwei Rundtürmen gebaut. Von den beiden Rundtürmen ist nur noch der südliche erhalten.

Das Kloster Lorch war einige Zeit geistlicher Mittelpunkt des Stauferhauses. Etwa ab Mitte des 12.Jahrhunderts verlor es aber immer mehr an Bedeutung, da sich der Schwerpunkt staufischer Politik vorwiegend nach Italien verlagerte. So hat die Blütezeit des Stauferklosters Lorch nur knapp ein Jahrhundert gedauert.

Nachdem das Kloster vorübergehend fast in Vergessenheit geraten war, erfuhr es im letzten Viertel des 15.Jahrhunderts unter dem 18.Abt, Nikolaus Schenk von Arberg, einen neuen Aufschwung. Dieser ließ 1475 die Gebeine der staufischen Familienglieder in eine von einem Göppinger Künstler geschaffene Tumba (Sammelsarg) im Langhaus der Klosterkirche umbetten. Die Decke der Tumba zeigt einen bewegten Adler, Symbol des Reiches, sowie das Wappen der Staufer, drei schreitende Löwen.

In dieser Zeit entstanden auch die Stauferbilder an den Langhauspfeilern der Klosterkirche. Sie zeigen die Hauptgestalten der zur Herrschaft gelangten Staufer. Die Bilder wurden wohl im 16.Jahrhundert übermalt; sie zeigen Kleider und Barttrachten der Renaissancezeit.

1525 wurde das Kloster im Bauernkrieg geplündert und angezündet. Als es sich von diesen Schäden wieder etwas erholt hatte, wurde es durch die Reformation aufgehoben und in eine evangelische Klosterschule umgewandelt. Später, Anfang des 19.Jahrhunderts, kam das Kloster Lorch unter staatliche Verwaltung.

Heute beherbergen die ehemaligen Klostergebäude ein Altersheim der evangelischen Heimstiftung.

Seite 14: Klosterkirche Lorch.
Staufer-Sarkophag, ein Prachtwerk spätgotischer Steinbildhauerei eines Göppinger Künstlers. In ihn wurden 1475 die Gebeine der staufischen Familienglieder umgebettet.

Seite 15: Klosterkirche Lorch.
Spätromanisches Ornament am südöstlichen Vierungspfeiler.

Stauferbildnisse an den Langhauspfeilern der Klosterkirche in Lorch

Herzog Friedrich I. von Schwaben (1050-1105), auch Friedrich »der Alte« genannt, war der Sohn Friedrichs von Büren (Wäschenbeuren) und Hildegardis von Egisheim, den Stammeltern des staufischen Geschlechts.
Herzog Friedrich I. galt als standhafter Verteidiger des salischen Kaisers Heinrich IV.. Er wurde von ihm als sein treuester und tapferster Mann bezeichnet. Der Kaiser gab ihm seine einzige Tochter Agnes zur Frau und belehnte ihn 1079 mit dem Herzogtum Schwaben.
Herzog Friedrich I. ist der Erbauer der Burg Hohenstaufen (um 1088), die dem Geschlecht den Namen gab. Er stiftete auch das Kloster Lorch als Familienkloster der Staufer, welches lange Zeit geistlicher Mittelpunkt des Stauferhauses war.
In der Stifterurkunde für das Kloster heißt es wörtlich:
»Friedrich, durch göttliche Gnade Herzog von Schwaben und Franken. Allen Getreuen Christi und den unsrigen tun wir kund, daß ich Friedrich und meine Gemahlin Agnes, mit unseren beiden Söhnen Friedrich und Konrad, zu unserem und unserer Vorfahren Seelenheil ... die Abtei Lorch dem hl. Apostelfürsten Petrus übertragen haben unter der Bedingung, daß jeweils der Älteste unserer Familie der Schützer und Vogt dieses Ortes sein soll.«
Herzog Friedrich I., der 1105 starb, wurde als erster des staufischen Geschlechts im Kloster Lorch beigesetzt.
Seine Frau Agnes heiratete in 2. Ehe den Markgrafen von Österreich, Leopold III.. Aus dieser Ehe ging der spätere Bischof Otto von Freising hervor, ein getreuer Gefolgsmann des Kaisers Friedrich I. Barbarossa.

Linke Seite: Klosterkirche Lorch.
Innenraum der ehemaligen Klosterkirche mit dem Staufer Sarkophag (1475) und den Bildnissen staufischer Herrscher an den Langhauspfeilern (15/16.Jahrhundert).

Friedrich I. »der Alte«

Friedrich II. »der Einäugige«

Herzog Friedrich II. von Schwaben der »Einäugige« (1105-1147) war der Sohn Herzog Friedrichs I. von Schwaben und der Kaisertochter Agnes. Nach dem Tode Kaiser Heinrichs V., des letzten salischen Kaisers, der kinderlos starb, bewarb sich Herzog Friedrich II. von Schwaben um das Königsamt. Die deutschen Fürsten wählten jedoch 1125 Lothar von Supplinburg, Herzog von Sachsen, zum deutschen König. Herzog Friedrich II. und sein Bruder Konrad erkannten diese Wahl nicht an.

Nachdem Herzog Friedrich II. wegen des Verlustes eines Auges nicht mehr zum König gewählt werden konnte, ließ sich sein Bruder Konrad 1127 zum Gegenkönig ausrufen. Nach dem Tode Lothars von Supplinburg wurde dieser als Konrad III. 1138 zum König gewählt.

Herzog Friedrich II. stand seinem Bruder König Konrad III. im Kampf gegen die Welfen bei. Er heiratete Judith, die Schwester des Welfenherzogs Heinrich des Löwen, um dadurch zum Frieden mit den Welfen beizutragen, der Kampf flammte aber immer wieder auf.

Die Welfin Judith litt unter den Auseinandersetzungen zwischen den Welfen und den Staufern sehr; sie starb nach 10jähriger Ehe. Ihr Sohn wurde später der erste staufische Kaiser Friedrich I. Barbarossa.

Herzog Friedrich II. von Schwaben war der Erbauer vieler Burgen. Es wurde von ihm gesagt, er habe an seines Pferdes Schweif immer eine Burg nach sich gezogen und so die Macht der Staufer begründet.

Während sich sein Bruder König Konrad III. auf einem Kreuzzug befand, starb Herzog Friedrich II. 1147, 42jährig.

Kaiser Friedrich I. »der Rotbart«

aiser Friedrich I. Barbarossa (1122-1190) ır der Sohn Herzog Friedrichs II. von hwaben und der Welfin Judith. Der sternde König Konrad III. hatte ihn, seinen effen, als Nachfolger designiert. Am 4. ärz 1152 wurde er einmütig zum König geihlt. Es kam zu einer Versöhnung mit den elfen, und mit starker Hand suchte er Frien und Ordnung im Reich zu halten. Friedh I. Barbarossa war zunächst mit Adela von ›hburg verheiratet. Die Ehe wurde jedoch ch 6 Jahren geschieden, und er heiratete atrix von Burgund, die sein Imperium um ırgund und die Provence erweiterte. Beatrix achte acht Söhne und zwei Töchter zur elt.
dingt durch seine von manchen beklagte ıd auch mißbilligte Italienpolitik, weilte ıiser Friedrich I. Barbarossa meist in Italien, › er 1155 auch zum Kaiser gekrönt wurde. nge Zeit versuchte er gegenüber den oberlienischen Städten und dem Papst seinen errschaftsanspruch durchzusetzen. Nach egen und Niederlagen gelang schließlich in nedig 1177 die Aussöhnung mit dem Papst, ıd 1183 kam in Konstanz ein Friede mit den ädten zustande.
39 übernahm Barbarossa, nahezu 70 Jahre , die Führung eines Kreuzzuges mit dem el, den Heiden das verlorengegangene rusalem zu entreißen. Er erreichte dieses el jedoch nicht mehr. Im Flüßchen Saleph leinasien) fand er am 10.Juni 1190 einen ötzlichen Tod.
ıiser Friedrich I. Barbarossa zählt zu den ıdrucksvollsten Herrschergestalten der eupäischen Geschichte.

Kaiser Heinrich VI.

Kaiser Heinrich VI. (1165-1197) war der zweitälteste Sohn Kaiser Friedrichs I. Barbarossa und Beatrix von Burgund. Bereits mit 4 Jahren wurde er in Bamberg zum deutschen König gewählt. 1186 heiratete er Konstanze von Sizilien, die Tochter des Königs Roger II. von Sizilien.
Nach dem Tode seines Vaters, Friedrich I. Barbarossa, flammte der Kampf mit den Welfen wieder auf. Heinrich VI. gelang es überraschend schnell, den Streit zu beenden. So konnte er 1191 nach Italien aufbrechen.
Noch im gleichen Jahr wurde er in Rom zum Kaiser gekrönt. Dann zog er nach Sizilien, um das durch seine Frau ererbte Normannenreich in seinen Besitz zu bringen. Bald mußte er aber nach Deutschland zurück, um sich dort einer Fürstenverschwörung unter Führung der Welfen zu erwehren.
In seinem zweiten Zug nach Italien gelang es Kaiser Heinrich VI. dann trotz erbitterten Widerstandes der Normannen, sein Erbland zu erobern. Am Weihnachtstag 1194 wurde er im Dom zu Palermo zum König von Sizilien gekrönt.
Kaiser Heinrich VI. wütete grausam gegen jede Verschwörung. So ließ er unter anderem den einzigen Nachkommen der normannischen Könige, das Kind Wilhelm, blenden, entmannen und gefangennehmen. Er war zum machtvollen aber auch furchterregenden Herrscher geworden.
Mitten in den Vorbereitungen für einen Kreuzzug starb Kaiser Heinrich VI. 1197 in Messina, im 32.Lebensjahr, nach nur 7jähriger Regierungszeit.
Seine Ehefrau Konstanze starb ein Jahr später.

König Philipp

Herzog Philipp von Schwaben (1176-1208) war der jüngste Sohn Kaiser Friedrichs I. Barbarossa und Beatrix von Burgund.

1196, nach dem Tode seines Bruders Konrad, wurde er Herzog von Schwaben. 1197 heiratete er Irene von Byzanz.

Als nach dem Tode Kaiser Heinrichs VI., dessen Sohn Friedrich erst drei Jahre alt war, ein Thronstreit ausgebrochen war, wählte ein Teil der Fürsten 1198 Herzog Philipp von Schwaben zum deutschen König. Die Welfen-Partei erhob den 17jährigen Sohn Heinrichs des Löwen, Otto IV., zum König.

Durch die Wahl zweier Könige wurde Deutschland in einen Bürgerkrieg gestürzt. Papst Innozenz III. kam der Bürgerkrieg sehr gelegen, um beide Könige von Italien fernzuhalten. Er entschied sich zunächst für Otto IV. und bannte König Philipp von Schwaben.

Nachdem Philipp von Schwaben zunehmend allgemein Anerkennung fand, löste der Papst ihn vom Bann und wollte sich für ihn entscheiden.

Da wurde König Philipp von Schwaben 1208 im Palast des Bischofs von Bamberg durch den Pfalzgrafen Otto von Wittelsbach, dem er seine Tochter verweigert hatte, ermordet.

Die Frau von König Philipp von Schwaben, Irene von Byzanz, wurde nach dessen Ermordung zur Burg Hohenstaufen gebracht, wo sie zwei Monate später an einer Frühgeburt starb. Sie wurde 1208 im Kloster Lorch beigesetzt.

Kaiser Friedrich II.

aiser Friedrich II. (1194-1250) war der Sohn aiser Heinrichs VI. und der Konstanze von zilien.
ach dem Tod seines Vaters, 1197, wurde er ter die Vormundschaft des Papstes gestellt. och bevor seine Mutter 1198 starb, ließ sie n zum König von Sizilien krönen. Auf unsch des Papstes heiratete er mit 15 Jahren 09 die um 10 Jahre ältere Konstanze von ragon. In zweiter Ehe war er mit Isabella n Jerusalem und in dritter Ehe mit Isabella n England vermählt.
achdem der Papst 1210 gegen Kaiser Otto . den Bann ausgesprochen hatte, bewog er nen Teil der deutschen Fürsten, Friedrich II. König anzuerkennen (1212). Friedrich tzte sich durch und wurde 1215 in Aachen krönt. In Rom empfing er 1220 die Kaiser-one.
aiser Friedrich II. hatte für seine Aufgaben Deutschland geringes Verständnis. Der hwerpunkt seiner Interessen lag in Unter-lien. Er schuf in Sizilien einen modernen aat, entwickelte eine einheitliche italieni-he Schriftsprache, führte in Europa das chnen mit arabischen Zahlen ein und ündete die erste, rein weltliche Universität Neapel.
fühlte sich zum Erneuerer der Welt beru-n; für die einen war er der Messias, für die dern war er der Antichrist.
i einem Kreuzzug gelang es Kaiser Fried-h II., Jerusalem ohne Blutvergießen einzu-hmen. Er setzte sich 1229 die Krone von rusalem selbst aufs Haupt.
ur noch einmal kam er nach Deutschland, n seinen gegen ihn aufständischen Sohn önig Heinrich (VII.) gefangenzunehmen d seinen Sohn Konrad IV. zum deutschen önig wählen zu lassen (1237).
er Kaiser starb 1250, kurz vor Vollendung nes 56. Lebensjahres.

König Konrad IV.

König Konrad IV. (1227-1254) war der Sohn Kaiser Friedrichs II. aus der Ehe mit Isabella von Jerusalem. Seine Mutter starb zehn Tage nach seiner Geburt.
Er stand seinem Vater näher als sein Bruder König Heinrich (VII.), der aus der Ehe mit Konstanze von Aragon stammte.
Als König Heinrich (VII.) sich gegen seinen Vater, Kaiser Friedrich II., auflehnte und sich weigerte, die Reichsfeste Trifels mit dem Kronschatz auszuliefern, wurde er 1235 abgesetzt, nach Italien gebracht und bis zu seinem Tod 1242 in Haft gehalten.
Kaiser Friedrich II. ließ als Nachfolger König Heinrichs (VII.) den 9jährigen Konrad 1237 in Wien zum deutschen König wählen und überließ ihn der Obhut deutscher Fürsten und Erzieher.
1246 heiratete König Konrad IV. Elisabeth von Bayern, und 1252 wurde Konradin, das einzige Kind aus dieser Ehe, geboren.
Nach der Absetzung seines Vaters, Kaiser Friedrichs II., auf einer Kirchenversammlung in Lyon (1245) kam es in Deutschland zur Aufstellung von Gegenkönigen, gegen die sich König Konrad IV. nur schwer behaupten konnte. Nach dem Tode seines Vaters, 1250, regierte König Konrad IV. ohne eigentliche Machtstellung.
Der letzte staufische Besitz wurde verpfändet, um zur Rettung des staufischen Erbes einen Zug nach Italien zu ermöglichen. Gemeinsam mit seinem Halbbruder Manfred eroberte er Neapel.
Doch kaum 26 Jahr alt, wurde er durch die Malaria hinweggerafft. Er starb in Lavello und wurde im Dom zu Messina begraben.
Herzog Ludwig von Bayern, der Bruder seiner Frau, wurde Vormund des erst 2jährigen Sohnes Konradin.

Konradin, Herzog von Schwaben

Konradin (1252-1268) war der Sohn König Konrads IV. und Elisabeths von Bayern. Als sein Vater starb, war er erst 2 Jahre alt. Er wuchs am Hofe Herzog Ludwigs von Bayern, seines Vormunds, auf. Später kam er in die Obhut des Bischofs Eberhard von Konstanz.

Als letzter Staufer zog er gegen den Willen seiner Mutter mit 15 Jahren nach Italien, um sein Erbe anzutreten. Kurz vorher, 1266, hatte sein Onkel Manfred, welcher seit 1258 König von Sizilien war, bei einer Schlacht mit Karl von Anjou aus Frankreich den Tod gefunden.

In Rom wurde Konradin wie ein Befreier gefeiert, während Papst Urban IV., welcher Karl von Anjou zum König von Sizilien gekrönt hatte, gegen das »Otterngezücht« der Staufer predigte.

In der palentinischen Ebene stieß das Heer Konradins mit dem Heer des Karl von Anjou zusammen. Konradin glaubte schon die Schlacht gewonnen zu haben, als er einer Kriegslist zum Opfer fiel und fliehen mußte. Durch Verrat geriet der 16jährige Konradin in die Hände Karls von Anjou. In seinem Gefängnis in Castell dell Ovo in der Bucht von Neapel wurde ihm das von Karl von Anjou erlassene Todesurteil überbracht.

Bevor das Urteil in Neapel vollstreckt wurde, bat Konradin noch sprechen zu dürfen und sagte:

»Vor Gott habe ich als Sünder den Tod verdient, hier aber werde ich ungerecht verdammt. Ich frage alle die Getreuen, für welche meine Vorfahren hier väterlich sorgten - ich frage alle Häupter und Fürsten dieser Erde, ob der des Todes schuldig ist, welcher seiner und seiner Väter Rechte verteidigt. Und wenn ich auch schuldig wäre, wie darf man die Unschuldigen grausam strafen, welche, keinem andern verpflichtet, mir löblich anhingen?«

Dann betete er: »Jesus Christus, Herr aller Kreaturen, König der Ehren! Wenn dieser Kelch nicht an mir vorübergehen soll, so befehle ich meinen Geist in deine Hände.« Dann kniete er nieder, richtete sich noch einmal auf und rief: »Oh Mutter, welches Leid bereite ich dir!«

Danach neigte er den Kopf zum Todesstreich.

Mit dem Jüngling Konradin endete das Geschlecht der Staufer.

Rechte Seite:
Siegel König Konradins (Nachbildung im Städt. Museum Göppingen)

DVX ·
SWE
VIE

2. Schwäbisch Gmünd

Schwäbisch Gmünd ist die frühest bezeugte Stauferstadt Württembergs. Sie wurde in unmittelbarer Nähe der staufischen Stammburg gegründet und war für die Staufer als Wirtschaftsplatz und Markt von großer Bedeutung. Teile der staufischen Stadtanlage sind noch heute zu sehen.

Aus der Stauferzeit stammt auch die Johanniskirche, ein hervorragendes Zeugnis staufischer Architektur.

Obwohl Gmünd schon 748 in einer Urkunde Karls des Großen erwähnt wurde, führen die ältesten Chroniken die Gründung Gmünds auf Herzog Friedrich I. von Schwaben und seiner Frau Agnes, Tochter des Kaisers Heinrich IV., zurück. Herzog Friedrich I. von Schwaben, der Sohn Friedrichs von Büren, war der erste staufische Herzog. Er wurde 1079 von Kaiser Heinrich IV. mit dem Herzogtum Schwaben belehnt.

Herzog Friedrich I. und seine Frau Agnes sollen für Gmünd viel getan haben. Ihr Enkel, Kaiser Friedrich I. Barbarossa, der in Italien die große Bedeutung der Städte kennengelernt hatte, erhob etwa 1162 den damaligen kleinen Marktort Gmünd als ersten Marktort im Herzogtum Schwaben zur Stadt.

Nach der Erhebung von Schwäbisch Gmünd zur Stadt setzten in rascher Reihenfolge weitere Stadtgründungen ein. Kaiser Friedrich I. Barbarossa brauchte Geld, und da in den Städten Handel und Gewerbe blühten, brachten sie ihren Gründern große Einnahmen. So lag es nahe, daß eine Stadtgründung der andern folgte.

Vieles deutet darauf hin, daß Schwäbisch Gmünd durch seine Lage an der Remstalstraße, die den Verkehr nach Nürnberg, Augsburg und Straßburg vermittelte, zur Stauferzeit Mittelpunkt eines großen Verwaltungsgebietes war.

Nachgewiesen ist, daß König Konrad III., Kaiser Friedrich I. Barbarossa, Kaiser Heinrich VI. und König Konrad IV. als Besucher in Schwäbisch Gmünd weilten. Der letzte Staufer, Konradin, welcher 1268 in Neapel enthauptet wurde, feierte 1266 das Weihnachtsfest in Schwäbisch Gmünd.

Rechte Seite: Schwäbisch Gmünd, Stadtansicht.

Schwäbisch Gmünd – Johanniskirche

Die St. Johanniskirche ist ein lebendiges Zeugnis staufischer Architektur. Nicht selten wird ihr Turm als schönster romanischer Kirchturm in Schwaben bezeichnet.

Die Sage berichtet, daß eine Vorgängerkapelle von der staufischen Herzogin Agnes, der Gattin Herzog Friedrichs I. von Schwaben, an der Stelle errichtet wurde, an der die Herzogin ihren bei der Jagd verlorenen Trauring wiederfand. Diese »Ringsage« ist auf einem Ölgemälde des Gmünder Malers Johann Georg Heberlen (1652-1725) dargestellt, welches sich im Innern der Johanniskirche befindet.

Der jetzige Kirchenbau wird in die Zeit zwischen 1210 und 1240 datiert. In Urkunden erscheint sie allerdings erst 1297, als sie an das Hochstift Augsburg überging. Vorher hatte das nahegelegene Kloster Lorch das Patronatsrecht.

Die St. Johanniskirche ist eine Basilika, deren Innenraum durch quadratische Pfeiler in drei Schiffe mit acht Jochen geteilt wird. Der heute vorhandene romanische Chor stammt aus dem 19. Jahrhundert, dagegen wurde der an der Nordseite des Chors angebaute Turm, der früher frei stand, gegen 1250 vollendet.

Trotz zahlreicher Veränderungen im Laufe der Zeit, behielt die Kirche den Raumcharakter der Epoche um die Mitte des 13. Jahrhunderts. Man gewinnt in ihr einen guten Einblick in die letzte Spätphase der Romanik in Schwaben.

Links: Ölgemälde des Gmünder Malers Johann Georg Heberlen aus dem Jahre 1714 mit der Darstellung der sogenannten »Ringsage«.

Rechte Seite: Schwäbisch Gmünd mit Johanniskirche.

Seite 28: Johanniskirche. Gesamtansicht mit Westfassade.

Seite 29: Johanniskirche. Der spätromanische Innenraum der Kirche.

Linke Seite:
Kreuzigungsgruppe an der Südwand der Johanniskirche.
Die Gruppe dürfte aus der Zeit der frühen Gotik stammen, da Christus bereits die Füße übereinanderschlägt. Neben dem Kreuz stehen Maria und Johannes, unter dem Kreuz ein Mann in einer Kutte. Dieser Mann dürfte nicht Judas, sondern einen Büßer darstellen, der in der rechten Hand einen Teller mit Münzen hält.

Rechts:
Madonna an der Südwestecke der Johanniskirche.
Das Steinrelief, dessen Original sich heute im Chor der Kirche befindet, stammt aus der Zeit um 1230 bis 1250. Die majestätisch thronende Muttergottes mit dem göttlichen Sohn auf dem Schoß, der die rechte Hand segnend emporhält und mit der anderen Hand den Evasapfel umschließt, ist eine der eindrucksvollsten Mariendarstellungen in der Übergangszeit zwischen Spätromanik und Frühgotik. Die überschlanke Darstellung zeigt burgundisch/französischen Einfluß.

3. Ruine Hohenrechberg

Die Burg Hohenrechberg wird 1179 erstmals urkundlich erwähnt. Sie war ein wichtiges Glied in der Kette der Wehrbauten, die schützend um die Reichsburg Hohenstaufen angelegt waren.

Die Burgen der damaligen Zeit waren Adelsburgen, doch die Burg Hohenrechberg war die erste Burg eines ritterlichen Dienstmannes, des staufischen Ministerialen Ulrich von Rechberg (1179-1205). Er hatte eine herausragende Stellung unter den schwäbischen Rittern und war einer der einflußreichsten staufischen Ministerialen. Zunächst war er Kastellan der Burg Hohenstaufen und ab 1194 Marschall des Herzogtums Schwaben. Ulrich von Rechberg war im Gefolge Kaiser Friedrichs I. Barbarossa (1179) und des Königs Philipp von Schwaben (1199/1200).

Sein Marschallamt ging später auf seinen Sohn Hildebrandt über, der 1194 Kaiser Heinrich VI. nach Italien begleitete. Ein anderer Sohn von ihm war der berühmte Bischof Siegfried von Augsburg, der unter zwei Kaisern und einem König großen Einfluß ausübte.

Die Burg Hohenrechberg liegt auf einem abgeschrofften Felsblock des Rechbergs und besteht aus Haupt- und Vorburg. Sie zeigt als besonderes bautechnisches Merkmal des staufischen Burgenbaus die sorgfältig behauenen Buckelquader. Die Staufer orientierten sich bei ihren Burgenbauten mit Buckelquadern am salomonischen Tempel in Jerusalem, um so ihre »Königsherrschaft« zu demonstrieren.

Die Burg Hohenrechberg wurde im Laufe der Jahrhunderte mehrfach umgebaut und erweitert. 1865 fiel sie durch Blitzschlag teilweise einer Feuersbrunst zum Opfer. Die heute noch vorhandene Burgruine ist ein anschauliches Zeugnis staufischer und nachstaufischer Baukunst.

Linke Seite:
Ruine Hohenrechberg im Frühling.

Seite 34: Ruine Hohenrechberg. Blick in das Innere der Hauptburg mit rundem Verteidigungsturm und der südlichen Palaswand mit Rundbogenfenstern.

Seite 35: Ruine Hohenrechberg im Herbst. Im Hintergrund der Hohenstaufen.

Seite 36: Ruine Hohenrechberg. Mauerreste vom 2.Stock der Burg mit Blick zum Hohenstaufen.

Seite 37: Blick zum Rechberg vom Hohenstaufen. Rechts im Hintergrund der Stuifen.

4. Schloß Ramsberg

Die Stauferburg Schloß Ramsberg liegt auf dem südöstlichen Bergsporn des Rehgebirges. Sie gehört in den Kreis der Ministerialenburgen, die rings um den Hohenstaufen zum Schutz der Kaiserburg errichtet wurden.

Die Burg wird erstmals im Jahre 1270 urkundlich erwähnt. Sie befand sich damals in der Hand des königlichen Ministerialen Konrad von Plochingen, dessen Vater und Großvater Reichsvögte waren. Der Großvater hatte als kaiserlicher Ritterführer Kaiser Friedrichs II. an der Niederschlagung des Aufstandes des Kaisersohnes Heinrich (VII.) teilgenommen. Der Vater oder der Großvater von Konrad von Plochingen dürfte Erbauer der Burg Ramsberg gewesen sein.

Das Steinhaus, das heute die Schloßanlage bestimmt, stammt etwa aus dem Jahre 1600. Unter diesem befindet sich der architektonisch und kunstgeschichtlich bedeutsamste Raum der Burganlage. Es ist dies eine unterirdische Halle mit vier achteckigen Freipfeilern, von denen aus Gewölberippen den Raum überspannen. Die Halle stammt aus dem 2. Viertel des 13.Jahrhunderts. Es handelt sich wohl um einen Aufenthaltsraum der Burgmannschaft, eine sogenannte »Türnitz«.

Der Burghof liegt innerhalb einer zwei Meter starken Mauer, die aus Buckelquadern besteht. Der viereckige Bergfried an der westlichen Seite des Burgeingangs wurde um 1830 abgetragen.

Außerhalb der Kernburg liegt gegenüber dem Burgtor die in spätgotischen Formen erbaute Burgkapelle, die Martinskapelle (um 1560).

Rechte Seite: Schloß Ramsberg vom Tal aus gesehen.

Seite 40: Schloß Ramsberg. Aufenthaltsraum der Burgmannschaft, die sogenannte »Türnitz«.

Seite 41: Schloß Ramsberg. Blick von der Martinskapelle auf das Steinhaus.

5. Ruine Scharfenberg

Die Burg Scharfenberg ist vermutlich Mitte des 12.Jahrhunderts im Kernland der Staufer von einer freiadeligen Familie erbaut worden, wie sich aus zwei Urkunden ergibt.

Im Jahre 1156 wurden in einer Urkunde, die Kaiser Friedrich I. Barbarossa für das Kloster Maulbronn ausstellte, die Freiadeligen Otto und Friedrich von Scharfenberg als Zeugen genannt. Und in einer Urkunde von 1194 bezeugte der Abt des staufischen Hausklosters Lorch, daß Gottfried von Scharfenberg einige leibeigene Leute dem Kloster zur Verbesserung seines und seiner Eltern Seelenheil geschenkt habe.

Die Burg Scharfenberg selbst wird erstmals urkundlich 1310 erwähnt. Damals wurde die Burg von Ulrich von Helfenstein und Eberhard von Staufeneck überfallen. Die Burg wurde eingenommen und der damalige Eigentümer der Burg, Albrecht von Rechberg, gefangengesetzt.

Im 15. und 16.Jahrhundert wurde die mittelalterliche Burg fast völlig umgebaut. Das aus dem 17.Jahrhundert stammende »Stammbüchlein« der Rechberger zeigt in einer Abbildung die damalige Gestaltung der Burg.

Seit etwa 1830 ist die Burg unbewohnt. Sie wurde mehrfach vom Blitz getroffen und ist zur Ruine geworden. An der östlichen Seite des ehemaligen Nordbaus ist heute noch Buckelquadermauerwerk zu sehen, ein baugeschichtlicher Beweis dafür, daß die Burg Scharfenberg eine Stauferburg war.

Rechte Seite: Ruine Scharfenberg. Ehemaliges Nordgebäude.

6. Süßen

Marienkirche

In der spätgotischen alten Marienkirche in Süßen ist eine originalgetreue Nachbildung eines kleinen Bronzechristus zu sehen. Er stammt aus der 2.Hälfte des 12.Jahrhunderts und fand als Vortragekreuz und als Altarkreuz Verwendung. Das Original befindet sich im Kirchenschatz von St.Marien in Süßen.

Das Vortragekreuz ist wohl das einzige bewegliche Kunstwerk aus der staufisch-romanischen Zeit, welches im Stauferland erhalten ist. Es ist möglich, daß das Vortragekreuz die Arbeit eines Benediktinerklosters in Oberschwaben ist und daß es über das Kloster Anhausen/Brenz in den Kirchenbesitz der Marienkapelle Süßen übergegangen ist.

Der Bronzechristus zeigt im Gesichtsausdruck eine in romanischer Zeit typische Kreuzigungsdarstellung. Nicht die Leidenszüge, sondern die Überwindung des Todes prägen das Gesicht. In der Romanik ist nämlich Christus König und Herrscher der Welt. Erst in der Gotik findet sich dann nicht mehr der am Kreuz triumphierende König, der jenseits der Leiden steht, sondern vor allem der Passions-Christus.

Neben dem besonderen Gesichtsausdruck zeigt der Bronzechristus weitere Merkmale einer romanischen Christusdarstellung: eine doppelte Seilkrone anstelle einer Dornenkrone, ein bis zu den Knien gehendes Lendentuch und nebeneinandergestellte, nicht gekreuzte Füße.

Rechte Seite:
Süßen – Marienkirche.
Das romanische Vortragekreuz.

7. Ruine Staufeneck

Die Burg Staufeneck wurde auf dem südlichen Ausläufer des Rehgebirges an beherrschender Lage, oberhalb des uralten Fernweges im Filstal, erbaut.

Sie war, neben der Burg Hohenrechberg, wohl das stärkste Bollwerk im Kranz der Burgen, die um den Hohenstaufen errichtet wurden.

Erster nachweisbarer Burgherr war Ritter Friedrich von Staufeneck. Die Herren von Staufeneck waren mit den Marschällen von Rechberg nahe verwandt. Auch sie stammten aus der Burgmannschaft des Hohenstaufen und waren Ministeriale. Im Dienste ihrer staufischen Herren waren sie reich und mächtig geworden und konnten so, etwa um 1220-1260, eine eigene Burg erbauen. Später kam die Burg in die Hand der Herren von Rechberg.

Die heute noch vorhandene Innenburg wird von einer Buckelquadermauer umschlossen. Ein Rundbogentor führt in den Burghof. Der gewaltige, außen runde und innen achteckige Bergfried, der 30 Meter hoch, 10 Meter breit und 3 Meter stark ist, beherrscht die Anlage. An ihm kann man besonders die Schönheit und Exaktheit des Buckelquadermauerwerks bewundern, das charakteristisch ist für den vornehmen Formensinn staufischer Baukunst.

Der Bergfried wurde flankiert vom alten Schloß, von dem nur noch Reste vorhanden sind. Auch das um 1500 errichtete neue Schloß ist fast völlig verschwunden. Um die Mitte des 19. Jahrhunderts setzte allmählich der Zerfall der Burg ein; sie wurde auch teilweise abgetragen.

Heute zählt Staufeneck zu den eindrucksvollsten Ruinen des Stauferlandes.

Rechte Seite: Ruine Staufeneck.
Der Bergfried.

Seite 48: Ruine Staufeneck.
Eingang zur Burg.

Seite 49: Ruine Staufeneck.
Blick zur Ruine von Süßen aus.

8. Hohenstaufen

Ruine Hohenstaufen

Herzog Friedrich I. von Schwaben, der Großvater Kaiser Friedrichs I. Barbarossa, der von seinem Schwiegervater Kaiser Heinrich IV. mit dem Herzogtum Schwaben belehnt wurde, erbaute um 1088 auf dem Bergkegel des Hohenstaufen die Stammburg seines Geschlechts, das sich von da an »Staufer« nannte.

Die Burg, die fast 300 Meter über die Umgebung hinausragte, hatte durch ihre Lage zwischen den Tälern der Rems und der Fils eine strategisch und verkehrsgeographisch beherrschende Position.

Zu ihrem Schutz, als Sitz des Herzogs von Schwaben und als Mittelpunkt seines Machtbereichs, wurde im Laufe der Zeit ein ganzer Kranz weiterer Burgen errichtet, denn nur mit Hilfe dieser Ministerialenburgen konnte das ganze Umland kontrolliert und beherrscht werden.

Die Burg Hohenstaufen galt während des 12. und noch zu Beginn des 13.Jahrhunderts als wichtigste Feste im weiten Umkreis und als Mittelpunkt staufischer Macht und Territorialpolitik.

Die Burganlage auf dem Hohenstaufen bestand aus einer Ringmauer, aus einem quadratischen Bergfried, einem Wohngebäude und einer Zisterne. Im Ostteil des Burgbereichs waren noch Nebengebäude. Das Burgtor war mit einer Burgbrücke versehen. Später erfuhr die Burg noch eine Erweiterung und Vergrößerung.

Im Jahre 1525 wurde die Burg Hohenstaufen von aufständischen Bauern niedergebrannt und zerstört. Heute findet man von der einstigen Burg nur noch Teile der freigelegten und im Bestand gesicherten Grundmauern des Palas und des Bergfrieds, die im Zuge von Grabungen und Wiederherstellungsarbeiten sichtbar gemacht und zum Teil aufgerichtet wurden.

Linke Seite: Ruine Hohenstaufen. Wiederhergestellte Mauerteile der Burg.

Oben: Modell der Burg Hohenstaufen um 1100. (Rekonstruktion von Dr. Ing. Werner Lipp. Im Dokumentationsraum für staufische Geschichte.)

Linke Seite: Ruine Hohenstaufen. Wiederhergestellte Mauerteile der Burg.

Seite 54: Blick vom Hohenstaufen ins Stauferland.

Seite 55: Der Hohenstaufen mit dem Ort Göppingen-Hohenstaufen.

Barbarossakirche

Am Fuße des Hohenstaufen liegt die im 15. Jahrhundert errichtete sogenannte Barbarossakirche, die ehemalige evangelische Pfarrkirche St. Jacob. Es ist anzunehmen, daß an gleicher Stelle bereits eine Kapelle aus der Stauferzeit stand.

Unterhalb der Barbarossakirche befindet sich der mit Mitteln des Landes Baden-Württemberg von Stadt und Kreis Göppingen 1976/77 erbaute »Dokumentationsraum für staufische Geschichte«, der zahlreiche Ausstellungsstücke aus der staufischen Zeit zeigt.

Links: »Barbarossakirche« und »Dokumentationsraum für staufische Geschichte« in Göppingen-Hohenstaufen in der Kaiserbergsteige 22.

Rechts:
Richterbüste (Kopie) im Dokumentationsraum. (Original im Museo Provinciale Campano). Die Richterbüste war Bestandteil der skulpturengeschmückten Fassade des von den Staufern 1234–1239 in Capua erbauten Brückenkastells.

Seite 58:
Dokumentationsraum. Spätstaufische Skulpturen (Kopien) als Zeugen des Höhepunkts staufischer Plastik. Diese Skulpturen zeigen, daß die Bildhauerkunst in der spätromanischen Zeit um 1200 wieder die Schönheit der antiken Klassik gewinnen konnte. Von links nach rechts: »Synagoge« und »Ecclesia« (beide um 1200, Original Straßburger Münster), Elisabeth und Maria (beide um 1237, Original Bamberger Dom), Uta und Eckehardt (beide um 1250, Original Naumburger Dom).

Seite 59:
Dokumentationsraum. Oberer Teil der Skulptur »Ecclesia«.

Linke Seite:
Dokumentationsraum.
Oberer Teil der Skulptur
»Synagoge«.

Oben:
Dokumentationsraum.
»Marientod Tympanon« (Kopie).
Original Straßburger Münster,
um 1220-1230.

Links:
Göppingen, Städt.Museum im »Storchen«, Wühlstr. 36. Das in den Jahren 1536/37 durch Reichsfreiherr Hans von Liebenstein erbaute Fachwerkhaus beherbergt heute das Städt. Museum Göppingen. Die »Staufer-halle« des Museums enthält Dokumente staufischer Geschichte, Kunst und Kultur.

9. Göppingen

Am Fuße des historischen Kaiserberges Hohenstaufen liegt die Stadt Göppingen. Der Name stammt von dem Alemannenführer Geppo. Er gründete im Tal der Fils eine Siedlung, die nach ihm später »Geppingen« genannt wurde.

Friedrich II., Herzog von Schwaben, mag als staufischer Stadtgründer von Göppingen gelten, wo König Friedrich Barbarossa im Jahre 1154 urkundete.

Nach dem Untergang der Staufer, wenige Jahre nach der Ermordung Konradins, eroberten die Grafen von Württemberg 1273 die Stadt Göppingen und machten sie zur württembergischen Amtsstadt und die Burg Hohenstaufen zu ihrer Burg. Sie setzten in der Folgezeit die rechtmäßige Anerkennung des eroberten Besitzes durch.

Später wurde Göppingen durch zwei Stadtbrände (1425 und 1782) fast völlig zerstört. In dem verschont gebliebenen Stadthaus der Reichsfreien von Liebenstein (auch »Storchen« genannt) wurde 1949 das Städtische Museum Göppingen eingerichtet.

Im Erdgeschoß des Museums befindet sich die »Stauferhalle«. Dort findet man Originale und Kopien zur Geschichte, Kunst und Kultur der Staufer, so etwa die Totenmaske der Hildegardis von Büren-Egisheim, den Cappenberger Barbarossakopf, staufische Gold- und Silbermünzen, die Taufschale von Kaiser Friedrich I. Barbarossa, eine Urkundenkopie aus dem Jahre 1155 und Originalskulpturen der Stiftskirche von Faurndau.

Besonders sehenswert in Göppingen ist auch die Oberhofenkirche, das älteste Gebäude der Stadt Göppingen. Die Kirche wurde etwa um 1436 auf den Fundamenten eines romanischen Vorgängerbaues aus dem 13.Jahrhundert errichtet. In ihrer südlichen Eingangshalle befindet sich ein Fresko mit der Burg Hohenstaufen im Hintergrund. Das Fresko stammt aus der 2.Hälfte des 15.Jahrhunderts und enthält wohl die älteste Ansicht der Burg auf dem Hohenstaufen.

Links:
Städt. Museum Göppingen
Totenmaske der Hildegard
von Büren-Egisheim (Abguß). Hildegardis von
Büren-Egisheim gilt als die
Stammutter der Staufer.

Rechte Seite:
Städt.Museum Göppingen
Taufschale Friedrichs I. Barbarossa, 1160 (Kopie). Die
Schale war ein Geschenk
Kaiser Friedrichs I. Barbarossa an seinen Taufpaten,
den Grafen Otto von Cappenberg. Sie zeigt die Taufe
Barbarossas.

OT FRI
TO DE
RI
C

FREDERIC DEI GRA ROMANORV IMPERATOR AVG S

Linke Seite:
Städt. Museum Göppingen. Siegel Kaiser Friedrichs I. Barbarossa. Das Siegel zeigt die Halbfigur des Herrschers mit Krone, Reichsapfel und Szepter. Es ist an der Urkunde befestigt, durch welche am 27. November 1155 dem Bischof Hermann von Konstanz die Grenzen sowie die Rechte und Besitzungen seines Bistums bestätigt wurden. In dieser Urkunde ist auch erstmals das Stift Boll erwähnt.

Rechts:
Städt. Museum Göppingen. Cappenberger Barbarossakopf um 1160 (Kopie). Das in Bronze gegossene, vergoldete Kopfbildnis des Stauferkaisers war wie auch die Taufschale ein Geschenk Kaiser Friedrichs I. Barbarossa an seinen Taufpaten, den Grafen Otto von Cappenberg. Das Original befindet sich in der kath. Pfarrkirche von Schloß Cappenberg.

Städt. Museum Göppingen.
Goldmünze aus der Reihe der »Augustales«, die Kaiser Friedrich II. ab dem Jahre 1231 in Messina und Bindisi prägen ließ.
Die Vorderseite enthält die Inschrift: CESAR AUG(ustus) IMP(erator) ROM(anum), das heißt: Caesar Augustus, Kaiser der Römer.
Die Rückseite zeigt den kaiserlichen Adler, das Herrschersymbol seit der Antike, und die Umschrift FRIDERICVS.

Städt. Museum Göppingen.
Sechs Staufermünzen aus der bedeutenden Sammlung von über hundert Münzen des Museums. Es sind einseitig geprägte Silbermünzen, sogenannte Brakteaten.

Linke Seite:
Städt. Museum Göppingen. Eine Silbermünze (Brakteat) aus der Zeit Kaiser Friedrichs II. (1212–1250). Sie zeigt den thronenden Kaiser in langem Gewand mit Lilienszepter und neben ihm die Kaiserin, dazwischen einen dreitürmigen Torbogen und einen Kreuzstab. Dieses Münzbild hatte Bestand bis in das 14. Jahrhundert. Es wurde geprägt in der Königlichen Münzstätte Nordhausen, die unter Barbarossa zur Reichsmünzstätte erhoben wurde.

Rechts:
Städt. Museum Göppingen. Vergoldeter Bronzevogel (Kopie). Diese ausdrucksstarke staufische Plastik entstand unter Kaiser Friedrich II. um 1210 in Süditalien.

10. Boll

Stiftskirche Boll

Die evangelische Stiftskirche Sankt Cyriakus in Boll zählt zu den ältesten Kirchenbauten des Stauferlandes.

Der Sage nach soll die Heilige Berta um 700 die Kirche in Boll gegründet haben. Nach neueren Forschungen dürfte aber die Gräfin Berta, eine Tochter des Herzogs Friedrich I. von Schwaben und Schwester König Konrads III., die Gründerin gewesen sein.

Die Stiftskirche Boll und der Ort Boll wurden erstmals in einer von Kaiser Friedrich I. Barbarossa gesiegelten Urkunde aus dem Jahre 1155 erwähnt. Eine Kopie dieser Urkunde mit dem Goldsiegel Barbarossas ist im Städt. Museum in Göppingen in der »Stauferhalle« zu sehen.

Die Stiftskirche Boll, eine spätromanische, dreischiffige Basilika, erfuhr in spätgotischer Zeit und danach verschiedene Veränderungen. Der Turm aus dem 14. Jahrhundert erhielt erst 1821-1871 seine jetzige Gestalt.

Der heutige Innenraum der Kirche mit seinen Pfeilerarkaden und dem hochragenden Triumphbogen gibt trotz der zahlreichen Veränderungen den ursprünglichen Eindruck spätstaufischer Kirchenkunst wieder.

Von der alten Kirchenausstattung ist nur noch der romanische Taufstein und ein zu einem Opferstock umgearbeitetes Weihwasserbecken vorhanden. Die steinerne Kanzel mit Rebstockreliefs ist eine spätgotische Steinmetzarbeit, der Schalldeckel der Kanzel ein barockes Schnitzwerk.

Rechte Seite:
Stiftskirche Boll.
Der Innenraum der spätromanischen Pfeilerbasilika.

11. Göppingen-Faurndau

Stiftskirche Faurndau

Die spätromanische Stiftskirche Faurndau stammt aus der Zeit um 1200. Ihr gingen mehrere Vorgängerbauten voraus, so unter anderem das bereits im Jahre 875 erwähnte Klösterlein »Furentowa«, das heißt Faurndau, das später in den Besitz des Klosters St.Gallen kam.

Da die Staufer um 1200 die Vogteirechte über das Kloster St.Gallen hatten, ist davon auszugehen, daß sie an dem in diese Zeit fallenden Kirchenbau beteiligt waren.

Die Stiftskirche in Faurndau ist eine dreischiffige Säulenbasilika ohne Querschiff. Die Gliederung des Raumes, die hohe Halle des Mittelschiffs, die sich beidseitig mit vier auf Säulen ruhenden Arkaden in die Seitenschiffe öffnet,und der hohe Triumphbogen mit dem Blick auf den Chor vermitteln den besonderen Eindruck eines romanischen Kirchenraumes.

Einzelne Kapitelle der Säulen sind mit Pflanzen und Knospenmustern ausgestaltet und zeigen bereits die beginnende Frühgotik an. Die Wandmalereien im Chor und Altarraum gehören zu den ältesten Kirchenausmalungen im Stauferland. Christus in der Kuppel der Apsis und die vier Evangelisten im Chorgewölbe stammen aus der Zeit um 1300. Die übrigen Malereien gehören der gotischen Zeit an; dazu gehört auch die leider nur noch bruchstückhaft erhaltene Ausmalung der Chorwand mit dem Marienzyklus.

An der Außenseite der Basilika, am Ostgiebel des Langhauses, befinden sich zahlreiche Steinskulpturen. Die Originale dieser Skulpturen aus der Stauferzeit, die unter Witterungseinflüssen gelitten hatten, befinden sich heute in der »Stauferhalle« des Städt. Museums in Göppingen.

Linke Seite: Stiftskirche Boll. Der romanische Taufstein aus dem 12. Jahrhundert. Am Fuß des Taufsteins und am oberen Rand zeigt er die germanischen Symbole der Erde (Schachbrettmuster) und des Himmels (Bögen).

Seite 76: Stiftskirche Faurndau. Das Bild zeigt die Basilika mit der für die spätstaufische Baukunst typischen aufsteigenden Gliederung von Apsis, Chor und Ostgiebel.

Seite 77: Blick in das Langhaus und in den Chor der Faurndauer Stiftskirche.

Oben und rechts:
Skulpturen der Stiftskirche Faurndau vom Ostgiebel des Langhauses (1200–1220). Sie befinden sich heute im Städt. Museum in Göppingen in der »Stauferhalle«.

Linke Seite:
Wassergefäß (Ton-Aquamanile, ergänzt) um 1220.
Dieses kleinformatige Gießgefäß in Tierform wurde in Faurndau gefunden und ist ein Beispiel für das Kunstempfinden und Kunstschaffen der staufischen Zeit.

12. Kloster Adelberg

Stifter des Klosters Adelberg war Volknand von Ebersberg, Burgvogt auf dem Hohenstaufen und enger Verwandter Kaiser Friedrichs I. Barbarossa.

Zunächst hatte Volknand von Ebersberg einige seiner Güter mit der 1054 geweihten Ulrichskapelle den Zisterziensern zum Bau eines Klosters angeboten, diese lehnten aber wegen der unwirtlichen Gegend ab. Später, 1178, gelang es ihm dann, den Probst des Prämonstratenserklosters Roggenburg für einen Klosterbau zu gewinnen. Alsbald kamen von dort 12 Mönche nach Adelberg, die wegen ihrer weißen Kutten »weiße Brüder« genannt wurden.

Als Kaiser Friedrich I. Barbarossa 1181 auf der Burg Hohenstaufen weilte, übernahm er den Schutz des Klosters und bestellte den jeweiligen Vogt der Burg Hohenstaufen zum Vogt des Klosters Adelberg.

1188 weihte der Bischof von Münster, ein Bekannter Volknands von Ebersberg, im Beisein Kaiser Friedrichs I. Barbarossa und seiner drei Söhne den Hochaltar. 1202, nach fast 25jähriger Bautätigkeit, erfolgte dann die Weihe der Klosterkirche. Das Kloster erhielt in der Folgezeit von den Staufern und Ministerialen zahlreiche Privilegien und Güter. Unter den Staufern wurde im Kloster auch eine Schule für die Söhne der in der Umgebung ansässigen Adeligen eingerichtet. Nach dem Untergang der Staufer übernahmen die Grafen von Württemberg die Schirmherrschaft über das Kloster.

Um 1500 errichtete Abt Berthold an der Stelle der 1054 geweihten und 1227 erneuerten Ulrichskapelle eine neue Kapelle, die später unter seinem Nachfolger, dem Abt Leonhard Dürr, künstlerisch ausgestaltet wurde. Der Hochaltar entstand in Ulm; er weist auf die Schule Jörg Syrlins des Jüngeren hin. Die Flügel- und Predellagemälde entstanden in der Werkstatt des Ulmer Malers Bartholomäus Zeitblom.

Im Bauernkrieg wurde das Kloster weitgehend zerstört, die um 1500 neu erbaute Ulrichskapelle blieb jedoch unversehrt. Vom Kloster sind heute außerdem noch die ehemalige Prälatur und der von zwei Rundtürmen flankierte Fruchtkasten vorhanden.

Linke Seite: Kloster Adelberg. Hauptportal mit Blick zum Dorf Adelberg.

Seite 82: Kloster Adelberg, Ulrichskapelle. Fresko aus dem 16. Jahrhundert an der Nordwand der Ulrichskapelle. Auf den beiden unteren Bildern sieht man jeweils Kaiser Friedrich I. Barbarossa und zwei seiner Söhne. Rechts unten in den Bildern befindet sich das staufische Wappen, drei goldene Löwen.

Stiftung des Klosters Adelberg - Præmonstratenser 1178 von Volcinando
Volcknandus bietet den Eremiten die hoffstat an, die Sie aber nicht annahmen,
Volckhandus übergibt denen Præmonstratensern zu Rockenburg die Hoffstatt,
Volcknandus übergibt, das Gottes Hauß denen Hertzogen von Schwaben, in Ihren Schirm
Hier wird der Kron Altar geweyht, in beysein der Hertzogen von Schwaben,

Oben: Kloster Adelberg. Die um 1500 errichtete Ulrichskapelle.

Seite 84: Kloster Adelberg, Ulrichskapelle. Der Apostel Bartholomäus aus der Predella des Hochaltars.

Seite 85: Kloster Adelberg, Ulrichskapelle. Der Hochaltar von 1511.

ort hören
und bewahren

13. Wäschenbeuren – Wäscherburg

Wäschenbeuren

Der Ort Wäschenbeuren (früher »Büren«) ist mit der Frühgeschichte des staufischen Hauses eng verbunden.

Friedrich von Büren (um 1025-1094) gilt als der Stammvater der Staufer. Sein Vater war Riesgraf Friedrich, der durch die Heirat mit der Tochter des Filsgrafen Walter in den Besitz der Güter zwischen Rems und Fils um Büren (Wäschenbeuren) gekommen war. Der Vater Friedrichs von Büren wird 1027 und 1030 als Riesgraf und 1053 als Pfalzgraf des Herzogtums Schwaben urkundlich erwähnt.

Friedrich von Büren heiratete um 1044 Hildegardis von Egisheim. Der älteste Sohn Friedrichs von Büren, Friedrich, wurde auf dem Fürstentag in Regensburg 1079 von Kaiser Heinrich IV., dem er treu gedient und den er zwei Jahre vorher nach Canossa begleitet hatte, mit dem Herzogtum Schwaben belehnt. Gleichzeitig verlobte der Kaiser seine Tochter Agnes, die damals noch ein Kind war, mit dem neuernannten Herzog von Schwaben.

Herzog Friedrich I. von Schwaben erbaute um 1088 auf dem in der Nähe von Wäschenbeuren gelegenen Hohenstaufen eine Burg, die von da an dem Geschlecht den Namen gab und zur Stammburg der Staufer wurde.

Linke Seite: Wäschenbeuren, Katholische Kirche. Nach historischen Forschungen gilt der erhöhte Platz der Kirche als einer der möglichen Orte, an welchem sich der Sitz der Herren von Büren befunden haben könnte, bevor sie auf den Hohenstaufen zogen.

Wäscherburg

Die östlich von Wäschenbeuren gelegene Wäscherburg, später auch Wäscherschloß genannt, gehört in den Kranz der Ministerialenburgen, die von der Burg Hohenstaufen aus gegründet wurden.

Die Errichtung der Burg fällt in die spätere Stauferzeit. Die an der Ringmauer und dem Steinbau des ehemaligen Wohnbaus vorkommenden Steinzeichen, die Stilform der Buckelquader, die Zangenlöcher und Tore lassen auf einen Bau in der ersten Hälfte des 13.Jahrhunderts schließen.

Urkundlich belegt ist die Wäscherburg erstmals im Jahre 1271, als ein Ritter Konrad, genannt »Wascher«, Besitzer des Ritterguts Büren wird. Dieser Konrad nannte sich früher »Konrad von Staufen« und war sicher staufischer Ministeriale. Den Beinamen »Wascher« verband er später mit der Burg und dem Ort.

Den Kern der noch gut erhaltenen Wäscherburg bildet der Wohnbau (Palas). Er besteht in seinem unteren Geschoß aus Buckelquadern, über welchem sich zwei Stockwerke mit Holzfachwerk befinden. An dem Palas ist eine zwei Meter starke und neuneinhalb Meter hohe Ringmauer (Wehrmauer) angebaut, die etwa trapezförmig den inneren Burghof umfaßt.

Die Wäscherburg galt lange Zeit als Sitz der Herren von Büren und damit als die Wiege der Staufer, da vor der erst im 13.Jahrhundert errichteten Burg nachweisbar eine andere Anlage vorhanden war. Nach den historischen Forschungen kommen aber als Wiege der Staufer auch andere Orte in Betracht, nämlich Wäschenbeuren (»Büren«) oder der außerhalb Wäschenbeurens gelegene »Burren«, auf dem ein quadratischer Wohnturm stand.

Seit 1960 befindet sich in der Wäscherburg ein kleines Staufer-Museum und eine Sammlung alter bäuerlicher Geräte aus der Umgebung.

Linke Seite: Wäscherburg. Teilansicht der Burg mit der fast zehn Meter hohen Umfassungsmauer aus Buckelquadern. Die Wäscherburg ist eine der besterhaltenen Burganlagen des Stauferlandes.

Seite 90:
Wäscherburg. Vorderansicht mit Eingang zur Burg.

Seite 91:
Wäscherburg. Innenhof mit Wohnbau (Palas). Das untere Geschoß des Wohnbaus ist mit Buckelquadern verschalt, das erste Geschoß mit Fachwerk (Eiche) stammt aus der Zeit um 1500, das zweite Fachwerkgeschoß aus dem Jahre 1699.

Rechts:
Wäscherburg. Innenraum der Burg im ersten Stock.

Öffnungszeiten der gezeigten Stauferstätten entlang der »Straße der Staufer«.

1. Kloster Lorch
Montags bis samstags 9-11.30 und 13.30–17.30 Uhr.
Sonntags 10-12 und 14-17.30 Uhr.

2. Schwäbisch Gmünd Johanniskirche
Montags bis freitags 10-12 und 14-16 Uhr.
Samstags 14-16 Uhr, sonntags 10-12 und 14-16 Uhr.

3. Ruine Hohenrechberg
Montags (außer der Ferienzeit) geschlossen.
Sommermonate 9-21 Uhr, Wintermonate nur an Wochenenden bei gutem Wetter 11-18 Uhr.

4. Schloß Ramsberg
Besichtigung der Türnitz und der Martinskapelle nach Rücksprache mit Schloßbesitzer Herrn Adolf Borst.

5. Ruine Scharfenberg
Frei zugänglich.

6. Süssen Marienkapelle
Täglich geöffnet.

7. Ruine Staufeneck
Frei zugänglich.

8. Ruine Hohenstaufen
Frei zugänglich.
Hohenstaufen Dokumentationsraum –
15. März bis 15. November täglich von 10-12 und 14-17 Uhr.

9. Göppingen Städtisches Museum
Mittwochs, samstags, an Sonn- und Feiertagen 10-12 und 14-17 Uhr.

10. Boll Stiftskirche
Wenn nicht geöffnet, beim Pfarramt nachfragen.

11. Göppingen Faurndau Stiftskirche
Wenn nicht geöffnet, beim Pfarramt nachfragen.

12. Kloster Adelberg
Montags - samstags 9-11.30 und 13.30-17.30 Uhr.
Sonntags 10-12 und 14-17.30 Uhr.

13. Wäscherburg
Täglich außer montags 10-12 und 13.30-16 Uhr.

Register

Literaturnachweis

Akermann, Manfred: Hohenstaufen, Offsetdruck Reprotechnik, Hans Joachim Kopp, 7920 Heidenheim
Akermann, Manfred: Ulrichskapelle Adelberg, Evang. Pfarramt, Adelberg, 1967
Akermann/Pabst: Kunstwerke im Landkreis Göppingen, 1965, Kreissparkasse Göppingen
Akermann/Uhland-Clauss: Bauzeugen der Stauferzeit im östlichen Schwaben, Konrad Theiss Verlag 1977
Burg Hohenrechberg und ihre Geschichte, Druck E.Kaiser, Salach, 1980
Das moderne Lexikon, Verlagsgruppe Bertelsmann GmbH.,Gütersloh
Der Kreis Göppingen, Konrad Theiss Verlag, Stuttgart und Aalen, 1973
Frohnmeyer, J.: Leitfaden der Geschichte, Verlag Adolf Bonz, Stuttgart
Grundzüge der Geschichte, Verlag Moritz Disterweg, Frankfurt, Berlin, München
Hussendörfer/Ziegler: Stiftskirche Faurndau, Verlag Schnell und Steiner München, 1977
Kaiser, P. und E.: Ritter Konrad von Staufen, genannt Wascher, Wäscherschloß, 7321 Wäschenbeuren
Kaiser, P. und E.: Wäscherschloß (Wäscherburg) Herausg. P.u.E.Kaiser, Wäscherschloß, 7321 Wäschenbeuren
Kauß/Kettenmann: Städtisches Museum Göppingen, Stadtarchiv Göppingen, 1978
Kloster Adelberg, Kunstführer 1104, Verlag Schnell und Steiner München
Kloster Lorch, Evangelische Heimstiftung, 7 Stuttgart, Stafflenbergstr.22
Kottmann, A.: Die Hohenstaufen, Herausg. A.Kottmann, 7 Stuttgart 1, Vaihinger Landstr. 62/2
Pleticha, Heinrich: Deutsche Geschichte, Band 3, Die Staufische Zeit, Verlagsgruppe Bertelsmann, 1982
Rapp, Heidi: Die evangelische Stiftskirche St.Cyriakus in Boll. Evang. Kirchengemeinde, 7325 Boll
Schwäbisch Gmünd, St.Johannis, Kunstführer Nr. 769, Verlag Schnell und Steiner München
Schwarzmaier, Hansmartin: Die Heimat der Staufer, Jan Thorbecke Verlag, Sigmaringen 1977
Schwarzmaier, Hansmartin: Staufisches Land und Staufische Welt, Jan Thorbecke Verlag, Sigmaringen 1978
Zeiten und Menschen, Band 1 und Band 2, Schönigh-Schroedel, Paderborn
Ziegler, Walter: Stauferstätten im Stauferland, Konrad Theiss Verlag, Stuttgart-Aalen 1977
Willemsen, Carl A.: Die Bildnisse der Staufer, Gesellschaft der Freunde staufischer Geschichte, 1977